AF329001

A Monsieur TOUT-LE-MONDE.

LA COMÉDIE

DU RADICALISME

PAR

Ch. TRESVAUX DU FRAVAL.

Natio comœda est.

La nation est devenue une troupe de comédiens.

(JUVÉNAL).

AOUT 1875.

Prix : 30 Centimes.

LAVAL

MARY-BEAUCHÊNE, LIBRAIRE-ÉDITEUR,

PLACE DES ARTS.

AU LECTEUR

Nous prions les personnes qui croiraient ce petit ouvrage appelé à faire du bien, de le répandre le plus possible.

A Monsieur TOUT-LE-MONDE.

LA COMÉDIE

DU RADICALISME

PAR

Ch. TRESVAUX DU FRAVAL.

Natio comœda est.

La nation est devenue une troupe de comédiens.

(JUVÉNAL).

AOUT 1875.

Prix : 30 Centimes.

LAVAL

MARY-BEAUCHÊNE, LIBRAIRE-ÉDITEUR,

PLACE DES ARTS.

A Monsieur Tout-le-Monde.

CHER MONSIEUR TOUT-LE-MONDE,

« C'est à vous aujourd'hui que ce livre s'adres-
se. » Quand vous aurez subi une nouvelle révolution (émeute ou coup d'État), ou une nouvelle invasion, il arrivera encore ce qui est arrivé. Les
meneurs, les grands faiseurs, soit bonapartistes,
soit radicaux, se retireront *momentanément* dans
l'ombre, au fond d'une province, dans quelque
quartier obscur de Paris, ou à l'étranger.

Ils auront du moins quelques consolations. Celui-
ci aura été décoré, celui-là sera duc ou comte, cet
autre aura fait quelques économies (son petit mil-
lion au moins), dans la politique, les intendances
ou dans une administration quelconque, etc., etc.

Mais nous, mon cher Monsieur Tout-le-Monde,
quelles consolations aurons-nous? Aucune! Un
service militaire plus dur, des impôts plus nombreux à payer, la perte de votre enfant, de votre
fortune, de votre foyer à déplorer. Vous aurez été
une fois de plus le *dindon* de la Révolution portant le bonnet rouge ou le diadème.

Ce jour-là vous reconnaîtrez. mais trop tard, que vous avez été joué une fois de plus. Ce que nous vous demandons aujourd'hui, c'est de reconnaître d'avance ceux qui veulent recommencer à nous exploiter, et de prévenir ainsi de nouveaux et inévitables malheurs.

Puissiez-vous ouvrir les yeux, quand il en est temps, sur la comédie égoïste et pernicieuse, que joue la Révolution ! Sans cela, vous serez encore réduits un jour, quand les beaux parleurs du bona-partisme ou du radicalisme vous auront ramené la Commune et l'Invasion, à regretter de n'avoir pas écouté ceux qui, sans intérêt comme sans passions, vous avertissaient du danger.

Méditez, cher Monsieur Tout-le-Monde, ces cris des damnés : « Etions-nous insensés ! nous trai-tions leurs actes et leurs paroles de folies ; hélas ! nous nous sommes trompés ! (1). »

Votre très-humble serviteur,

Ch. TRESVAUX du FRAVAL.

(1) *Nos insensati ! Vitam illorum æstimabamus insaniam : ergo erravimus !*

AVANT-PROPOS.

Le progrès est naturel dans les sociétés, puisque Dieu a créé le monde perfectible.

Il est même nécessaire, puisque c'est une loi générale que tout ce qui ne progresse pas décroît.

Aussi ne sommes nous pas ennemis des transformations qui peuvent s'opérer ; mais à cette condition expresse : qu'elles aient lieu dans le calme, sans ébranler les principes, et dans un but louable; c'est alors qu'elles constituent le *Progrès* véritable.

Quand ce sont au contraire des bouleversements s'accomplissant au sein de l'émeute, au mépris des droits reconnus et des lois établies ; quand leurs causes sont aussi mauvaises que leurs buts, elles ne sont autre chose que la *Révolution*, c'est-à-dire tôt ou tard l'anarchie.

Loin de fortifier la nation, elles l'ébranlent et ne tardent pas à la ruiner ;« car la ruine suit toujours de près le crime » (1).

- Nous trouvons justement dans les œuvres de

(1) Prov. 12, 13,

Dom Guéranger, le vénérable Abbé que pleure encore Solesmes, établie avec cette profondeur de pensée et cette netteté d'expression qui lui sont propres, la différence qu'il y a entre une Réforme et une *Révolution*.

« Il fut un temps où les institutions s'appuyaient sur les mœurs, et où les mœurs reposaient elles-mêmes sur la Religion. A cette époque, comme aujourd'hui, les passions des hommes s'agitaient avec violence, mais une digue immuable en arrêtait toujours le torrent. L'homme pouvait succomber ; l'institution restait debout » (1).

Aux pieds de la Croix éternellement stable, le monde s'agite et s'agitera (2). Mais il n'y aura de péril pour la société que le jour, où, comme elle tend à le faire aujourd'hui, elle cessera de s'attacher à la Croix, c'est-à-dire où elle reniera les principes religieux et politiques de ses pères. « Car il n'y a de vraiment bien gardés que les Etats sur lesquels Dieu veille (3).

C'est pour avoir abandonné toutes ses croyances que notre nation est envahie par cette folie qui effraie si justement pour l'avenir (4).

. Aussi lui est-il arrivé ce qui arrive toujours dans ce cas : les cœurs se sont d'abord dépravés, puis les intelligences obscurcies en sont venues à l'impiété ; « car c'est dans son *cœur* que l'impie commence par nier Dieu » (5).

(1) Essais historiques sur l'abbaye de Solesmes. — (2) *Stat Crux dùm volvitur orbis.* — (3) Psal. 126. — (4) *Quos vult perdere dementat Jupiter.* — (5) Ps. 13, 1.

Ces prétendus athées, ce qu'on appelle de nos jours les *libres-penseurs*, n'ont jamais été convaincus. Ils ont beau s'intituler *esprits-forts*, la plupart croient en Dieu, tout comme le commun des mortels qui a le bon-sens. Ce qu'ils détestent, c'est l'Eglise, qui gêne leurs vices ; et, comme l'existence de Dieu en est la base, les pauvres fous croient qu'en niant ce dogme ils la détruiront.

De cœur ils croient ce que nient leurs bouches ; mais il faut bien en imposer à la masse. « Farceur ! » (1) s'écriaient des frères et amis, en entendant l'un d'eux. Tout est dans ce mot : la libre-pensée et le radicalisme sont deux sinistres farces dont les adeptes jouent la comédie (2).

Tromper le peuple par de fausses promesses et des espérances chimériques ; puis, comme le renard de La Fontaine, « vivre aux dépens de celui qui l'écoute,» telle est la tactique de la Révolution.

Le jour du danger venu, les premiers sujets, les meneurs, savent bien se mettre à l'abri des balles, ou sur les bords de la Tamise, ou sous les orangers de Saint-Sébastien, vivant des économies que procure la propagande radicale. Tandis que la masse affolée des crédules arrose les barricades de son sang, ou va peupler les colonies pénitentiaires.

« Celui qui aime le danger y périra » (3). La France aime la Révolution, la Révolution la tuera. Plus nous allons, plus les crises se rapprochent et plus elles deviennent terribles ; et cependant plus on croit les imposteurs et leurs impostures.

Aussi est-ce de nos jours le devoir de tous ceux

(1) Le citoyen Catagnel. — (2) *Natio comœda est.* (Juvénal). — (3) Ecc. 3, 27.

qui voient le péril, d'avertir les aveugles qui s'y précipitent.

Montrer comment les mensonges du Radicalisme ont égaré l'esprit public, en faisant de la France une « nation mal élevée (1); » démasquer les Révolutionnaires, telle est la première partie de notre tâche, et la plus importante.

La seconde, conséquence de la première, consistera à établir que nous n'avons à espérer de salut qu'en rétablissant ce que la Révolution a voulu détruire : l'autel et le trône.

Nous invoquerons souvent l'autorité des Livres Saints, peu inquiets de voir les *malins* sourire : attendu qu'il n'y a pas d'autorité plus sûre et plus grande, que nous trouvons dans l'Ecriture l'explication de ce qui se passe de nos jours, de tous les problèmes sociaux ; enfin, parce que nous pensons que le Saint-Esprit est encore plus fort que M. de Voltaire avec tous les voltairiens passés et modernes.

______

(1) Le R. P. Félix.

LA COMÉDIE DU RADICALISME

ou

LE MONDE DEVANT SON MIROIR.

CHAPITRE I.

Ne croyez pas les augures. (JÉREM. 27, 9).

Il existe entre les augures du paganisme et les imposteurs révolutionnaires de notre temps cette ressemblance : c'est que ceux-ci ne peuvent, pas plus que ceux-là ne le pouvaient, se regarder *sans rire,* quand ils sont loin des regards de la multitude.

Aussi aurions-nous pu intituler cet ouvrage les augures du XIXᵉ siècle.

« Paraître des personnages, semer la corruption pour en retirer les fruits, voilà ce que s'efforcent de faire les hommes imbus de l'esprit du siècle (1). »

« Ils aiment le peuple *de bouche;* mais

(1) *Videre et videri, corrumpere et corrumpi, sœculum vocatur.* (Tacite).

leurs langues ne profèrent que mensonge, » dit le Psalmiste (1). Puis, comme remarque très-bien l'Ecclésiaste : « ils se moquent de lui, lorsqu'ils le voient tombé dans la misère (2). »

Et dire que c'est toujours le même piége grossier qu'ils tendent, et que toujours le peuple s'y laisse prendre ! Il y a pourtant longtemps que saint Paul nous a avertis : « Prenez garde à ceux qui se jouent de vous avec une prétendue philosophie, et avec des paroles trompeuses (3). » Aussi ces mensonges ayant fini par ébranler toute croyance, « tous les maux viennent punir la nation de son incrédulité. »

Il nous semble que c'est pour notre époque qu'un historien Juif (4) a écrit ces mots en commençant la description du siége de Jérusalem : « Mais le peuple affolé ne croyait plus que ceux qui outrageaient Dieu et la Loi. »

Voyons d'abord les ravages de l'esprit révolutionnaire dès le berceau ; nous les étudierons ensuite dans les différents âges de la vie ; et nous constaterons comment, après avoir perverti les citoyens, il est arrivé à gâter et à détruire les institutions elles-mêmes.

____

(1) Psal. 77, 36. — (2) Eccl. 7, 12. — (3) Col. II, 8. — (4) Josephe.

CHAPITRE II.

L'Enfant.

« C'est un plus grand crime, nous dit Bossuet, de pervertir les jeunes générations que d'empoisonner les fontaines. »

Et cependant voilà que le mal est déjà dans la famille, à la source même de la vie.

Le père par égoïsme ou ambition, la mère par crainte de la douleur ou par coquetterie, tous deux trop souvent par avarice, décident qu'il ne faut pas avoir plus d'un, ou de deux enfants.

Dès lors plus d'union véritable, mais l'association de deux êtres sous le même toit. Viennent bientôt les querelles, les scandales, les séparations ; et voilà dans quelle atmosphère viciée s'élève le futur citoyen.

Dans un discours resté célèbre, un Général (1) s'écriait devant l'Assemblée nationale : « Une des causes de la supériorité de la Prusse sur la France, c'est que chez nos ennemis les familles sont plus nombreuses. » Et il avait bien raison.

(1) Trochu.

L'enfant, élevé dans une nombreuse famille, connaît, dès son entrée dans la vie, la fraternité véritable. Après avoir été frère dévoué, il devient citoyen dévoué. Habitué à l'abnégation et au sacrifice il voit dans la société une famille plus étendue ; il n'est pas gâté comme l'est presque toujours l'enfant unique. Comprenant que c'est de son travail que dépend sa position dans le monde, il ne devient pas un *petit crevé*, mais un citoyen utile à son pays.

Dieu, au reste, dont on ne méprise pas impunément la loi, punit souvent de bonne heure les calculs coupables ; que de fois, pendant la dernière guerre, la mort est venue détruire l'unique espoir d'une famille aveugle! Et c'est ainsi que « la mort est la peine du crime (1). »

Mais étudions les premières années de l'enfant élevé suivant les usages et les principes du siècle.

D'ordinaire, à cette époque de la vie, le père s'en occupe fort peu, absorbé qu'il est par ses affaires ou par ses plaisirs. Nous avons même connu des délicats qui n'embrassaient jamais leur enfant avant la *troisième année*.

C'est à la mère de guider les premiers pas du petit être. Heureusement pour lui, parce que les mères ayant conservé plus de foi que

_____

(1) I Cor. 15, 56.

leurs maris, il reçoit du moins un commencement d'éducation chrétienne

Par malheur, il est un point sur lequel pères et mères sont trop souvent d'accord ; c'est qu'il faut élever l'enfant avec des vêtements, un luxe, des goûts, des aspirations au-dessus de leur position. De là vient : « cet orgueil qui est le commencement de sa perte (1). » C'est à cette folie que nous devons aussi cette foule de déclassés qui plus tard construiront des barricades et allumeront le pétrole, quand ils auront vu ne pouvoir atteindre cette position qu'ils rêvaient d'occuper dans la société !

Bossuet nous apprend : « que la société humaine est ruinée et détruite par les passions (2). Toutes les passions ont l'orgueil pour principe ; mais de nos jours la manifestation la plus commune de l'orgueil est incontestablement *le Luxe.*

La mère, élevée dans la laine, veut élever sa fille dans la soie, et nombre de pères, même portant encore la blouse, sont ravis de voir leur enfant vêtu de velours.

Nous pourrions faire voir, par les Saintes Ecritures, les effets désastreux que produit le luxe chez les nations ; Montesquieu les décrit aussi avec assez d'énergie :

(1) Tob. 4, 14. — (2) Education, Tom. 18, art. 2.

« *Le Luxe,* nous dit-il, détruit toute république (1). » Et pourquoi? Ecoutez-le nous en donner les raisons : « Parce qu'il confond les conditions ; ne laisse plus d'harmonie entre les besoins et les moyens de les satisfaire ; étouffe l'*amour du bien public,* et lui substitue l'intérêt particulier ; met la volupté à la place de la vertu ; corrompt les mœurs ; entretient la corruption et les vices (2). »

Ne dirait-on pas ces paroles écrites hier? Et comme elles expliquent bien la démoralisation du siècle et la mort du patriotisme !

L'enfant élevé dans le luxe, est dans l'impossibilité de *devenir plus tard* un bon citoyen.

CHAPITRE III.

La Femme.

Le rôle de la femme, de tout temps important dans le monde, devient de jour en jour plus grand dans la société moderne.

Elle a commencé par être « une marâtre pour le genre humain (3), » dans la personne d'Eve, dont la curiosité perdit Adam ; Marie,

(1) Pages 137. — (2) Pages 134, 137, 145, — (3) *Eva fuit noverca posteris*

Mère de Dieu, nous apportera le salut. Athalie opprime le peuple Juif et le met à deux doigts de sa perte ; mais Judith délivre la nation en mettant à mort Holopherne.

En France quoi de plus repoussant que Frédégonde ; quoi de plus héroïque que Jeanne-d'Arc ? quoi de plus ignoble que les mégères de 93, et de la Commune ? quoi de plus admirable que nos Vendéennes et nos sœurs de charité de tous les ordres ?

Aussi Esope dit-il avec raison : « La femme est tout ce qu'il y a de meilleur, et tout ce qu'il y a de pire. » Et la Sainte Ecriture ajoute : « qu'elle établit sa famille, quand elle est sage, mais qu'au contraire, si elle est mauvaise, elle est la cause de sa totale destruction (1).

Nous ne parlerons point de ces saintes filles qui, pour gagner le ciel, se dévouent dans la vie religieuse, à l'éducation des enfants, au soulagement des malades, des pauvres et des vieillards, etc. ou qui, par leurs prières et leurs mortifications, détournent de notre tête la colère de Dieu, prête à nous frapper. Non, nous n'étudierons que le rôle de la femme vivant dans le monde, mère, épouse, fille ou sœur.

Aujourd'hui que l'avenir de la France dé-

____

(1) Prov. 14, 1.

pend de l'éducation de l'enfant, on comprend quelle nécessité il y a pour lui d'avoir une mère chrétienne ; « car il sera jusqu'à sa vieillesse ce qu'il aura été dans son enfance (1). » Avec l'âge se développent les premiers germes que seule la mère peut déposer dans son cœur. Autant donc celles qui, femmes de foi et d'honneur, savent lui en inspirer les sentiments, contribuent à sauver la patrie, en lui préparant de bons citoyens ; autant celles qui ne rêvant que plaisirs et toilettes, laissent ces jeunes natures, tomber dans le vice et ignorer les lois de Dieu, contribuent à la perdre, en augmentant le nombre des impies et des débauchés.

La tendresse doit être sans doute le premier moyen d'action de la mère sur son enfant ; mais elle ne doit pas exclure une juste fermeté ; car l'enfant qui n'aura pas respecté son père et sa mère, ne respectera plus tard, ni les lois de Dieu, ni les lois des hommes.

Le rôle de l'épouse n'est pas moins important. « Elle doit être la gardienne de la moralité de son époux (2) ; » et mettre toute son application à le faire vivre en bon chrétien et en bon citoyen. Que d'épouses vertueuses et prudentes ont retenu leurs maris sur la pente du précipice ! Mais aussi combien, par leur luxe effréné, ou par leur ambition, ont cau-

____

(1) Prev. 22, 6. — (2) 1 Cor. 7, 14.

sé la ruine et le déshonneur d'époux trop faibles !

Grande aussi est la mission des filles et des sœurs, surtout de celles qui restent dans le monde sans contracter mariage : elles ne doivent avoir rien plus à cœur que le salut de leurs pères et de leurs frères.

Malgré l'égoïsme, si général dans notre siècle, nous avons souvent, grâces à Dieu, rencontré de ces saintes filles, qui, renonçant aux joies insensées du monde, se dévouent, avec l'abnégation la plus affectueuse, à un vieux père, à un malheureux frère, égarés, et finissent par les ramener à Dieu.

O femmes, puisque c'est encore dans vos cœurs que la Foi est le plus profondément enracinée, soyez pour nous les anges du salut. Vos âmes sont trop élevées, vos cœurs trop généreux, pour vous faire chercher le bonheur dans ces bals, ces spectacles, ces toilettes, qui, pour quelque joie passagère, vous laissent tant de profonde tristesse et d'inutiles regrets. Votre mission est plus haute, vos devoirs plus grands. Le monde se perd, l'Eglise pleure la défaillance de ses enfants : redonnez aux jeunes générations cette foi et cette énergie qui font les hommes ; sauvez la France et peuplez le Ciel.

CHAPITRE IV.

La première Communion.

Malgré les ravages de la Libre-Pensée, il ne se rencontre encore jusqu'ici que peu de parents assez impies pour ne pas assister à la première communion de leurs enfants, ce jour que Napoléon 1er appelait si justement « le plus beau de sa vie. »

A cette époque il se produit même généralement comme un retour vers Dieu dans la famille. Le père, qui depuis longtemps avait abandonné l'Eglise, tient à y accompagner son fils. Et plus d'une fois nous avons vu des larmes couler alors sous le coup d'une profonde et sincère émotion.

Quelle contradiction dans l'âme de cette malheureuse victime des préjugés et des mauvaises doctrines ! sans doute les larmes sont sincères, et le cœur est touché par la grâce de Dieu. Mais voyez la folie de ce père insensé ! Après avoir le matin goûté quelques instants de vrai bonheur dans le temple, après avoir rouvert les yeux à la vérité, le soir le libre-penseur la renie et l'outrage dans les rires hébétés, les sarcasmes stupides de quelques compagnons de cabaret.

Voilà pourtant un prétendu esprit fort ! Une raillerie suffit pour le faire parler et agir contre sa pensée. Son enfant a fait sans doute une première communion excellente ; mais comment pourra-t-il persévérer en face de l'irréligion de son père, et lorqu'aux pieuses instructions, aux saintes prières succèderont devant lui les plus horribles blasphèmes, les conversations les plus immondes ? Oh ! c'est surtout pour le père qu'il est écrit : « Malheur à celui qui produit le scandale (1). »

Et voilà comment l'impiété du père détruit la piété du fils. Aussi cette jeune âme, si heureusement ouverte aux inspirations du ciel, ne tarde-t-elle pas à oublier les bienfaits de Dieu, puis à se flétrir. Et c'est ainsi que l'esprit immoral et impie du siècle, après avoir perdu le père, atteint le fils, et détruit peu à peu les fruits de cette première communion, à laquelle la mère et le prêtre l'avaient préparé avec tant de sollicitude.

CHAPITRE V.

Le Collége et le Lycée.

Il serait également faux de dire : tous les colléges sont bons, tous les lycées mauvais.

(1) Math. 18, 7.

Dans les uns comme dans les autres l'esprit pernicieux du siècle a porté ses ravages ; cependant, comme le dit Voltaire :

« Ainsi que la vertu, le crime a ses degrés ; »

et l'on peut affirmer d'abord que les lycées valent moins que les colléges libres.

La première raison en est qu'ils ne sont pas *indépendants,* mais qu'ils relèvent de cette institution gangrenée, qu'on appelle l'Université. Or, « un mauvais arbre donne de mauvais fruits, (1) » L'Université manque par sa base : elle ne repose nullement sur la Religion ; elle admet dans son sein des professeurs immoraux, libres-penseurs, *athées* même, pourvu que des examens aient constaté leur plus ou moins de science.

. L'esprit dés Lycées est donc mauvais, parce que c'est l'esprit de l'Université. L'expérience chaque jour le démontre. Il est de ces maisons, confiées aux soins d'un ecclésiastique honorable, pourvues d'un respectable aumônier, ayant même un certain nombre de professeurs des plus estimables. Sans doute l'enseignement religieux y est donné. Dans les classes *dont les professeurs sont bons*, il n'est rien montré qui ne soit conforme à la Foi et à la Morale. Et cependant, malgré les plus louables efforts, l'esprit, surtout lorsqu'on arrive aux classes élevées, y est irréligieux et

(1) Math. 7, 17.

immoral. On crie déjà sur les *Curés*, on commence à manger du *Jésuite* ; on tient les conversations les plus ordurières, on fume, on boit, on jure pour faire les *grands*, etc. Aussi voyez comment tournent, sinon tous, du moins la plupart de ces jeunes gens, dès qu'ils ont quitté les bancs de l'école.

C'est que dès l'origine, et presque toujours depuis, les révolutionnaires, dominant en maîtres l'Université, ont favorisé, et dans les professeurs, et dans les élèves, cet esprit antireligieux dont ils sont eux-mêmes remplis.

Un proviseur doit subir les professeurs qu'on lui envoie ; il ne peut les chasser que pour les motifs les plus graves. Qu'on y réfléchisse : la plupart des professeurs sortis de l'Ecole Normale supérieure sont voltairiens ; personne ne peut nier cette vérité évidente : cependant, il faut bien les placer quelque part. D'où l'on voit que, malgré les intentions les plus louables, mais les plus stériles, il faudrait une réforme complète pour changer l'esprit des Lycées.

. Une seconde preuve irréfutable de cet état de choses, c'est que, presque tous les révolutionnaires et les libres-penseurs, ne mettent jamais leurs fils ailleurs qu'au Lycée ; ils savent bien que c'est là qu'ils trouveront l'esprit le plus conforme à leurs propres idées. Ce fait est-il assez concluant ?

Sans doute tous ceux qui envoient là leurs

enfants ne sont pas impies ; mais ils /sont faibles. Les mères préféreraient le Collége ; les pères savent aussi que dans ces établissements, surtout lorsqu'ils sont tenus par des prêtres ou des religieux, qui ne font pas un métier, mais remplissent une mission, l'éducation est incomparablement supérieure et les études au moins aussi fortes. Ils savent également que les *enfants* de ces admirables Frères de l'Ecole chrétienne sont mieux élevés, et au moins aussi instruits (les concours le prouvent) que ceux de l'Ecole communale. Au fond de leurs consciences, ils sont du même avis que leurs femmes. Mais hélas ! c'est toujours la même raison qui les arrête, *la crainte du siècle.* Que diraient les *frères* et *amis* s'ils mettaient leurs enfants chez les *cléricaux* ? et plus tard, au sortir des bancs, ne serait-ce pas pour eux un obstacle à leur carrière, que d'avoir été élevés chez des *moines* ?

Voilà comment le pauvre enfant est encore la victime des théories du siècle, débitées de bouche par son père, qui en rougit dans sa conscience, mais qui pourtant leur sacrifie l'âme de son fils. C'est l'infanticide moral.

Aussi Montesquieu avait-il raison de dire, en parlant de l'éducation : « Qu'il dépend du père, qu'elle soit bonne ou mauvaise. »

CHAPITRE VI.

La Vocation.

« Jérusalem était d'autant plus coupable qu'elle était plus éclairée (1), » dit le comte de Champagny.

On peut en dire autant de la France : presque tout le monde connaît l'importance de la *vocation;* presque personne n'en prend le moinde souci. Et cependant saint Paul nous apprend « que chacun doit suivre la voie où il est appelé (2). »

La vocation ne dépend ni de notre seule volonté, ni de nos intérêts matériels ; c'est Dieu qui l'inspire, et il doit être écouté.

Pour la connaître il faut trois conditions : la prière, qui fait entendre la voix de Dieu; la liberté, qui permet d'y répondre ; enfin la soumission, qui donne le courage d'obéir.

Or, avec le trouble qu'apporte le monde dans les intelligences et dans les cœurs où il règne, ces trois conditions n'existent plus.

La Prière ! A peine a-t-on conservé l'habitude d'en répéter des lèvres quelques formu-

(1) Rome et Judée, page 7. — (2) Cor. 7, 20.

les ; la liberté, mais le père est là, n'admettant de vocation qu'autant qu'elle lui plaît, puis l'esprit de l'adolescent est déjà trop envahi par les préoccupations terrestres ; d'où il résulte que l'esprit de soumission n'existe plus, entraîné que l'on est, et par les vices du père, et par les séductions du monde.

Déjà l'ambition, fille de l'orgueil, et mère d'un luxe qu'il faut satisfaire, se fait entendre aussi. On oublie le Ciel, pour penser uniquement à la terre. De là vient la rareté de plus en plus effrayante des vocations religieuses : la Foi est trop affaiblie dans les cœurs pour qu'ils puissent la ressentir. Puis pour un père libre-penseur quel déshonneur d'avoir un fils prêtre ! c'est pour le coup qu'on serait exposé aux sarcasmes des esprits forts ; et enfin ne considère-t-on pas l'homme qui se donne à Dieu comme inutile au monde ?

Nous avons vu de ces pères aveugles recourir jusqu'aux mauvaises lectures, aux calomnies contre le clergé, même aux menaces, pour détourner leurs enfants de la vocation religieuse ; et d'autres, quand ils n'avaient pu y réussir, les rejeter loin d'eux comme des parias.

Et cependant ils devraient savoir, ces insensés, qu'il n'y a de vrai repos qu'au service de Dieu. « Mon cœur est dans le trouble, s'écriait saint Augustin, jusqu'à ce qu'il ait trouvé le repos en vous, ô mon Dieu. » Ils savent quels services ont rendus et rendent encore tous les jours à la société les religieux et les prêtres, et dans la science, et dans l'éducation, et dans les hôpitaux, et dans le ministère.

Les couvents sont presque tous ouverts à tout le monde : qu'on y pénètre ; et nous défions de trouver ailleurs autant de paix véritable, de bonheur assuré, de gaîté douce et franche. Il est vrai que ceux qui les habitent ne connaissent ni l'ambition, ni la jalousie.

Qu'importe ! pour le père qui n'a plus de foi, suivre sa vocation, c'est acquérir des richesses, atteindre aux honneurs, se faire un nom.

Rêves dorés que Dieu se plaît à déjouer la plupart du temps dès cette vie. Folles aspirations du siècle, qui font lâcher la proie pour l'ombre et compromettre le bonheur éternel du ciel, pour celui qu'on poursuit en vain sur la terre. « Car le Seigneur confondra ceux qui, mettant leur bonheur dans les choses de la terre, l'abandonnent, lui, la source des eaux vives. (1) »

(1) Jérem. 17, 13.

CHAPITRE VII.

Le jeune homme.

Les études sont terminées, c'est-à-dire, le temps du Collége ou du Lycée, fini. Que vont devenir ces jeunes gens qui, bacheliers, ou incapables de l'être, entrent dans le monde, tous désireux d'y jouer un rôle ?

Les uns, ceux qui n'ont pas réussi dans leurs études, par incapacité ou par paresse, n'ont acquis qu'une fausse science ou de fausses idées. Ils se croient quelque chose et ne sont rien, moins que rien. « Travailler des mains ils ne le peuvent plus, mendier les ferait rougir (1) » dit l'Ecriture. Et en effet, ne sont-ce pas des *Messieurs* ! Les voilà sortis du rang qu'occupaient honorablement leurs pères, et entrés dans la grande confrérie des déclassés. Dès lors, ils n'ont plus qu'un souci : attendre, sinon provoquer un bouleversement social, qui leur permettra d'occuper par la force la place qu'ils ne pouvaient occuper par leur travail, et leurs mérites.

Quant aux bacheliers, ils vont faire antichambre à la porte de toutes les administra-

(1) Luc 16, 3.

tions. Or, comme il n'y a pas de place pour tous les solliciteurs, la majeure partie de ces jeunes hommes, à la recherche, nouveaux Jérôme Paturot, d'une position sociale, ira de même augmenter le nombre sans cesse croissant des déclassés. Comme ils posèdent un demi-savoir, et se croient *très-forts,* ils deviendront avant peu les plus dangereux. C'est dans cette catégorie que se recrutent les chefs de l'émeute ; car, dit saint Paul, « ceux qui se sont crus sages n'étaient que des fous ; ils se sont *évanouis* dans leurs propres pensées, et leur cœur vaniteux a été rempli de ténèbres (1). »

Cependant le plus souvent la corruption ne pénètre pas de suite complétement dans ces jeunes gens. C'est dans les écoles qu'ils achèvent de perdre les derniers vestiges de foi et de moralité qu'ils avaient conservés en sortant des Lycées. Dans ces filles aînées de l'Université, qu'on nomme Facultés, l'esprit est encore la plupart du temps plus mauvais que chez leurs sœurs cadettes. Récemment, devant la Chambre, l'éloquent évêque d'Orléans, l'a prouvé d'une façon irrécusable, en montrant l'athéisme et le matérialisme, et dans l'enseignement des professeurs, et dans les thèses soutenues, quelquefois même couronnées, des élèves (2).

(1) S. Paul, 1, 22. — (2) Séance du 12 juin et suivantes.

Si le cœur du jeune homme n'est pas encore tout-à-fait dépravé, il est à craindre qu'il ne le devienne au contact d'*amis* pervers, qui achèveront « de tuer en lui ce qui restait de bon (1). » Dès lors, pour s'étourdir, pour faire taire les remords de sa conscience, il adoptera ces théories impies et matérialistes, qui nient Dieu et sa justice, qui, détruisant la responsabilité avec le libre arbître, font de l'homme criminel une victime innocente de la fatalité.

Que de fois on rencontre de ces pauvres jeunes gens, auxquels leurs parents aveuglés avaient persuadé qu'ils étaient des phénix, et qui sont entrés dans les écoles, bouffis d'orgueil et rêvant les destinées les plus brillantes. Ils n'ont pas tardé à tomber dans l'immoralité la plus dégoûtante ; à perdre le dernier respect de ce qui est juste et saint ; puis, quand les déceptions sont venues, quand leurs rêves dorés se sont évanouis, malheureux, mécontents d'eux-mêmes, irrités contre la société qu'ils accusent d'injustice, ils sont devenus les fléaux de leurs familles et de leur patrie, les apôtres d'abord, les acteurs ensuite des bouleversements révolutionnaires.

Voilà où conduit l'éducation du siècle, privée des lumières de la foi.

____

(1) Job. 30, 25.

CHAPITRE VIII.

Le Citoyen.

Le jeune homme a atteint sa majorité : il est devenu citoyen.

Nous avons vu les ravages qu'a causés dans son âme la mauvaise éducation reçue, et dans son enfance, et dans sa jeunesse. Nous avons vu aussi, conséquence naturelle, l'impiété souiller son âme, l'immoralité corrompre son cœur. Le remords n'est pas encore tout-à-fait étouffé dans sa conscience. Il voudrait revenir à la foi et à la vertu : mais c'est presque impossible. *Il est engagé !*

**L'honneur est comme une île escarpée et sans bords ;
On n'y peut plus rentrer dès qu'on en est dehors (1).**

En effet, rien de plus tyrannique que le joug révolutionnaire. Du moment que le malheureux jeune homme descendu de cette île où vivent encore les principes religieux et sociaux, est tombé dans l'océan de la Révolution, les frères et amis s'attachent à lui comme les *pieuvres* dont parle le *Maître* (2), et l'empêchent de regagner cet asile de l'honnêteté ! Et

(1) Voltaire, — (2) Victor Hugo.

c'est ainsi qu'il est déjà puni, « pour avoir fait le mal dès sa jeunesse » (1).

De ce moment sa haine devient implacable contre tout ce qui est la vertu ou le droit. Un païen nous l'apprend : Il n'y a pas jusqu'à la gloire et à la vertu qui ne le choquent, parce qu'elles semblent accuser trop hautement sa honte » (2).

Le mal qu'il sent en lui, il n'a plus qu'un désir, le propager dans le monde, et le voilà répandant partout ce doute qui ébranle et ces mensonges qui renversent tout.

« Notre siècle, dit le comte de Champagny, indécis et *douteux* par dessus tout, n'aime pas les gens qui affirment, il n'aime pas ces sujets qui lui imposent la foi à une idée, et lui demandent de dire *oui* ou *non* sur un point quelconque (3).

Voilà ce qui peint exactement le mal qu'a fait le doute, tout d'abord dans notre pauvre France. Du doute on est arrivé à la négation, de la négation à la haine de toutes les vérités fondamentales de la religion et de la politique; et l'on ne croit plus que ce qui est mauvais, quoiqu'absurde, ou même parce que c'est absurde.

Etat lamentable de notre siècle : les uns,

(1) Jérem. 22, 30. — (2) Tacite an. lib. 4, cap. 34, — (3) Rome et Judée, page 10.

athées, immoraux, déclassés, sèment [le mensonge ; les autres, la multitude, acceptent
toutes les théories les plus fausses, les plus
subversives de l'ordre social, et, aux jours de
révolution, les mettent en pratique.

Et dire que ces trompeurs et ces trompés
s'intitulent des hommes de progrès ; qu'ils
bouleversent, renversent tout, et osent encore
parler de résurrection et de revanche !

CHAPITRE IX.

Les Avocats.

De tous ces démolisseurs de la société, les
plus dangereux sont, sans contredit, les *avocats.*

« Il fut avocat et non voleur, ce qui éton-
nait le peuple (1), » dit une vieille hymne en
l'honneur de saint Yves.

N'exagérons rien. Grâce à Dieu, il existe
encore d'honnêtes avocats, qui comprennent
leur mission de défendre partout ce qui est
juste, chez le riche comme chez le pauvre,
chez le puissant comme chez le faible. Mais ils

(1)   *Advocatus et non latro,*
        Res miranda populo.

sont d'autant plus estimables que l'espèce en est plus rare.

La plupart des *licenciés* en droit, des avocats, ne pensent même pas à prendre une étude, sachant qu'ils n'auraient pas une clientèle raisonnable.

Et comment en pourrait-il être autrement ? on reçoit chaque année dix fois plus d'avocats qu'il n'en faudrait si tous les ménages plaidaient en séparation, et si toute la Normandie faisait ses partages.

Être avocat c'est le refuge de tous les ambitieux vulgaires, qui espèrent *percer*, non par leur travail, mais à la faveur d'un bon petit *scandale*.

Qui sans cela connaîtrait les Gambetta, les Floquet, les Ferry, les Lepère etc., et presque tout l'*état-major* du Radicalisme ! Il faut du reste leur rendre cette justice ; c'est qu'ils sont liés entre eux comme on l'est dans les sociétés secrètes, dont la plupart du reste font partie.

Dès que l'un d'eux est au pouvoir, il y appelle tous ses confrères. Pour eux un avocat est bon à tout ; on pense en faire : un général, un diplomate, un préfet, un ingénieur, etc. L'expérience a démontré suffisamment combien ces diseurs de mots ont été incapables et funestes au pays, dans toutes ces positions importantes. Que dis-je ? il paraît que l'épreuve n'a pas été suffisante, la leçon assez

dure, puisque le peuple se laisse encore attirer par ces langues vaniteuses et empoison-
nées.

Il est vrai qu'on laisse répéter encore aujourd'hui à ces personnages grotesques, qu'eux
seuls sont capables de sauver le pays, comme
ils osaient l'affirmer alors qu'ils étaient tout-
puissants. Quoi de plus burlesquement vaniteux que cette dépêche de l'un d'eux au tris-
tement célèbre Gambetta. « Vous demandez
« caractère énergique, perspicacité adminis-
« trative, *génie organisateur, cœur allu-*
« *mant patriotisme.* Je réponds : autour de
« moi, dans *mon* département, rien, rien.
« C'est triste à dire : celui qui est obligé de
« remplir tout seul ici ce rôle, *c'est* **Moi** (1). »
Ne croirait-on pas entendre Médée : « Moi
seul et c'est assez (2). »

Et dire que chez la plupart on retrouve une
incapacité et une fatuité presque égales !

Quel service rendrait au pays celui qui
pourrait, sinon supprimer tous ces farceurs
de prétendus avocats, du moins en restreindre
le nombre ! La justice n'en irait pas plus mal ;
au contraire, elle serait mille fois plus sûre et
plus prompte. Ne sont-ce pas eux qui em-
brouillent les causes les plus simples, en je-
tant le doute et le trouble dans les consciences

(1) **Dépêche de Delattre, préfet de la Mayenne, 15**
octobre 1870. — (2) Corneille.

des magistrats, et surtout des pauvres jurés ?

Que faudrait-il pour juger une cause ? Des magistrats, des témoins, et deux procureurs, payés par l'Etat ; l'un soutenant l'accusation, l'autre présentant la défense. Combien les procès deviendraient moins nombreux, moins coûteux et moins longs !

Nous ne donnons pas notre système comme parfait : sans doute il y aurait des inconvénients à éviter, des précautions à prendre. C'est un sujet à étudier pour les hommes compétents. Mais, tel qu'il est, il vaudrait au moins ce qui existe ; il aurait de plus l'immense avantage de nous débarrasser de tous ces beaux parleurs, vrais novices de la Révolution, et de rendre à l'atelier et à la ferme une foule de déclassés, qui auraient dû y vivre et y mourir heureux et honorés, comme l'ont été leurs pères.

« Délivrez-nous, Seigneur, des méchantes langues (1). » Ce sont elles qui perdent le peuple. Du barreau elles passent au balcon, ou sur la borne de la rue, pour prêcher le désordre. Aussi rien n'est plus pernicieux et plus haïssable que ces harangues des sophistes (2). »

Notre siècle s'appellera dans l'histoire le *siècle des Avocats* ; on remarquera que depuis qu'on y parle tant on n'y sait plus agir.

____

(1) Ps. 119, 2. — (2) Eccli. 37, 23

Et ce sera un des reproches les plus fondés que la postérité adressera à notre Assemblée nationale, de s'être laissé réduire à l'impuissance par tous ces phraseurs.

Hélas ! il n'est arrivé que ce qui devait arriver. Depuis la trop fameuse Constituante, il en a été de même pour toutes nos Assemblées. L'expérience du passé aurait dû servir au présent.

D'ailleurs ce sort néfaste est assez clairement prédit dans l'Ecriture : « La conduite de ces hommes imposteurs est sans honneur, et la confusion les accompagnera toujours (1). »

Que d'honnêtes députés regrettent déjà et regretteront bientôt plus encore d'avoir ainsi laissé revenir le règne des *Avocats !*

CHAPITRE X.

L'Armée.

Heureusement dans l'armée l'honneur Français est encore vivant.

Naturellement, nous n'entendons pas par *l'armée* ces corps improvisés, indisciplinés, sans aucune connaissance du métier des ar-

(1) Eccl. 20, 28.

mes, sans respect pour leurs chefs, et n'ayant du soldat que l'habit. On a pu juger aux jours néfastes des *sorties torrentielles,* ce qu'ils valaient, et se convaincre qu'ils étaient plus dangereux pour les caves et les garde-manger, que pour les Prussiens. Ce sont pourtant là les troupes que rêve la Révolution, la *nation armée.*

Nous ne parlerons que de l'armée régulière, disciplinée, ayant ses officiers et ses cadres. Eh bien, jamais nous n'en aurons une solide, inébranlable, tant que l'on n'aura pas fait renaître la Foi, et avec elle le sentiment du devoir, qui met le vrai courage dans le cœur du soldat. Un général l'a dit à la tribune : « Le soldat se fait tuer lorsqu'il voit une autre vie après celle qu'il sacrifie à son pays ; mais du jour où vous lui ravissez cette espérance, vous lui enlevez le vrai courage. » Un saint évêque, qui a été longtemps homme du monde avant d'entrer dans les Ordres, disait dernièment cette parole très-vraie : « Jadis on se battait pour son Dieu et pour son Roi, parce qu'on savait ce que c'était que Dieu et le Roi, l'un personnifiait le Ciel, l'autre la Patrie ; mais aujourd'hui, pour qui se battrait-on ? Pour quelque ambitieux qui demain peut être remplacé par un autre. »

Sous le règne de triste et sanglante mémoire des hommes du 4 septembre, demandez à ceux qui ne craignaient pas d'affronter une mort probable et malheureusement trop sou-

vent inutile, s'ils se battaient pour le *Génois*
Gambetta, ou même pour la République ; sur
cent qui tombaient, il n'y en avait pas deux.
A voir comme ils mettaient ordre à leur conscience, sinon avant le combat, du moins avant
de mourir, il était facile de constater que c'é-
tait dans la Foi qu'ils puisaient ce qui restait
encore de courage, souvent aussi dans le patriotisme qui leur faisait aimer la France,
même tombée entre des mains indignes. Qu'on
se rappelle cette parole de Gambetta, l'homme
qui. les envoyait au feu, en se gardant bien,
ainsi que ses amis, de les y accompagner :
« Légitimistes, qui vous battez si bien ! »

Mais ce n'est pas seulement parce que la
Foi donne le courage, qu'elle est nécessaire à
une armée ; c'est surtout parce qu'elle attire
les bénédictions de Dieu. Nous lisons en effet
au Livre des Machabées « que ce n'est pas la
multitude des troupes qui donne la victoire,
mais la force qui vient du Ciel (1). »

Quand donc les hommes du siècle prétendent que le nombre, le perfectionnement des
armes, la discipline, etc., donnent la victoire,
ils sont dans une grave erreur. Le courage
seul assure la victoire ; et « Dieu seul peut
l'inspirer à son peuple (2). »

Nous n'oublierons jamais le découragement
que nous ressentîmes en 1870, en entendant

____

(1) Macch. 3, 19. — (2) Ps. 28, 11.

crier : « à Berlin ! » par ces pauvres sodats avinés, hurlant la *Marseillaise* et les plus horribles blasphèmes. Hélas ! nos tristes pressentiments n'ont été que trop promptement réalisés ! « Qu'on chasse le blasphémateur du camp (1), » nous dit l'Ecriture ; car « Dieu maudit ceux qui blasphèment son nom (2). » Et Bossuet ajoute « que les blasphèmes font périr les armées et les rois (3). »

Je sais que l'on nous répondra : « C'est nécessaire pour faire *marcher* le soldat. » Comme si les officiers qui ne blasphémaient pas n'avaient pas jadis cent fois plus d'autorité sur leurs troupes qu'ils n'en ont aujourd'hui. Au temps du drapeau blanc, ce drapeau que, prétend-on, l'armée repousse (on ne saurait dire pourquoi), les soldats français respectaient Dieu. Et cependant jamais l'ennemi n'envahit la France, sans être bientôt honteusement chassé. Or, deux fois depuis qu'on ne respecte plus ni Dieu, ni le Roi, nous avons été à la merci de l'invasion, maîtresse même de la capitale. Et malgré leurs blasphèmes, leur *Marseillaise* et leur drapeau tricolore, les hommes de la Révolution ont dû subir les conditions honteuses du vainqueur.

Tandis qu'autrefois nos Rois *très-chrétiens* ajoutaient au territoire de nouvelles provinces, de nos jours la Révolution, ou le Césa-

____

(1) Lev. 24, 14. — (2) Ps. 1, 4. — (3) Educ. Liv. 7. prop. 16.

risme, qui n'en est qu'une forme variée, n'ont réussi qu'à en perdre.

Mais non, toutes ces théories, toutes les inventions modernes ne remplaceront pas la foi qui donnait le patriotisme et la victoire au soldat français des Rois très-chrétiens.

***

CHAPITRE XI.

Les Administrations.

« La sagesse sauve l'État plus que la force (1), » nous apprend Bossuet. Et de fait une sage administration peut seule fortifier la nation et éviter les guerres.

Un des plus grands reproches que l'histoire fera aux gouvernements qui se sont succédé depuis l'invasion allemande, c'est de n'avoir pas chassé tous ces administrateurs incapables, souvent indignes, nommés par le 4 Septembre.

Si tous les républicains ne sont pas des coquins, tous les coquins sont républicains. Qu'on ouvre les prisons et les bagnes, qu'on aille interroger tous les assassins ou les pétroleurs de Cayenne et de Nouméa, on n'y trouvera ni vrais catholiques, ni vrais légitimistes.

(1) Educ. Liv. v, p. 4.

Or, après le 4 Septembre, le titre de républicain suffisait pour donner accès à toutes les places, à tous les honneurs. L'incapacité des hommes alors au pouvoir, les horreurs commises dans les départements, la Commune commencée, sinon consentie par eux, tout faisait un devoir à un gouvernement, vraiment désireux de relever le pays, de les faire juger, ou du moins de les chasser de fonctions qu'ils avaient trop longtemps déshonorées. Par un aveuglement inouï, par une faiblesse coupable, à peine l'a-t-on fait pour les plus criminels. Et encore, plusieurs ont été replacés depuis. Et l'on s'étonne des progrès du mal ! C'est plutôt le contraire qui serait étonnant.

Mais, parmi les fonctions, certaines sont électives. Or, avec cette funeste invention du suffrage universel, il est arrivé, surtout dans les grandes villes, que les électeurs, entraînés par les menées radicales, ont nommé de ces hommes indignes, ou de leurs amis pour les administrer. Car, de nos jours, ce ne sont plus les intérêts de la cité, mais les passions politiques qué l'on écoute, pour choisir les administrateurs. N'était-ce pas, dans des cas pareils, le devoir de tout gouvernement honnête et énergique de s'opposer à des nominations si scandaleuses, et de protéger la partie saine, tranquille, laborieuse de la population ? C'est ce qu'on devait faire, et ce qu'on n'a pas fait. On laisse les élus achever l'œuvre de la démoralisation ; et l'on s'étonne *naïvement* après cela de voir le Radicalisme souffert, encouragé, envahir les Conseils généraux, puis l'Assemblée nationale !

Ah ! vos gouvernements peuvent faire leur *meâ culpâ* de ce qui arrive : c'est le résultat de leur étrange complaisance. Qui veut la fin veut les moyens. Quand on veut avoir cette administration honnête, forte, respectée qui seule peut rendre la confiance et la vie à la nation, on ne conserve pas dans les places les créatures de la Révolution, ni les élus de la Radicaille. Les révolutionnaires ne se gênaient pas pour casser, préfets, maires, instituteurs, etc.; nous, nous respectons ceux qu'ils avaient choisis. O hommes qui vous dites habiles, écoutez ce que vous dit le Proverbe : « Quand on laisse semer l'iniquité, on ne récolte que des maux (1). »

Nous pouvons être illogiques ; mais la logique de Dieu est là qui nous attend.

CHAPITRE XII.

Les Politiques.

A notre époque, tout citoyen est un homme politique. Et c'est tout juste, puisqu'avec le

(1) Prov. 22, 8.

suffrage universel chaque citoyen est une partie du *peuple-roi,* et que la voix d'un ivrogne compte autant que celle d'un général, d'un ministre ou d'un cardinal.

D'ailleurs une consolation existe pour les *petits* politiques, c'est qu'à voir comment tout marche, il leur serait difficile de plus mal gouverner que les *grands*. On trouve la politique partout, dans les écoles, dans les ateliers, dans les cabarets, et jusqu'au foyer de l'artisan et du laboureur.

Il est vrai qu'avec cette autre belle machine de destruction, la *liberté de la Presse,* les journalistes, la seconde plaie de l'époque, ont fini par renverser tout ce que les avocats avaient ébranlé, et que les masses ahuries peuvent se demander : où est la vérité?

La politique, c'est la carrière toute naturelle de ceux qui n'en ont pas. Tout fils de rentier, grand ou petit, même de marchand ou de cultivateur aisé, qui ne peut devenir quoique ce soit, se fait politique, et peut espérer être conseiller municipal, même général, même député.

« Mais, me direz-vous, n'est pas politique qui veut. Pour le devenir il faut de fortes études, une grande expérience des hommes et des choses, une éducation supérieure, etc. » Erreur ! C'était bon au temps où la politique était une *science*. Aujourd'hui c'est un *métier*, qui ne demande que deux choses : ne

savoir rien, et pouvoir parler de tout. La politique c'est la *blague*.

Vous en doutez? Qu'un savant, s'appuyant
sur le droit, sur les principes, sur l'histoire,
vienne soutenir une proposition dans une
réunion quelconque, on ne l'écoutera ni on
ne le croira : ce n'est pas là un politique. —
Qu'un commis-voyageur raconte que les Jé-
suites (comme on le disait dernièrement devant nous) ont assassiné Henri IV, que les
nobles dont les châteaux ont été pillés et les
enfants tués, ont amené les Prussiens, que
c'est le Pape qui retient Victor-Emmanuel
captif, etc., et autres sottises ; à la bonne
heure, volà un politique. Aussi voyez, tout le
monde le croit.

En vain demanderez-vous aux auditeurs
s'ils connaissent l'orateur, souvent repris de
justice. En vain leur rappellerez-vous qu'ils
vous connaissent dès l'enfance, et devraient
bien plutôt vous croire : Q'importe? le *mon-
sieur-citoyen* vient de Paris, il cause si bien;
puis il a montré toutes ces bêtises dans le
Rappel ou la *République française*. Que
voulez-vous, « l'insanité réjouit les insensés
(1), » « et le nombre des sots est infini (2). »

Cependant ces politiques de cafés ne sont
pas encore les plus dangereux. La pire espèce
c'est celle qui voit parfaitement le mal, sans

(1) Prov. 15, 14. — (2) Eccl. 1, 15.

cesse croissant, mais qui, par un égoïsme honteux, espère, à force d'*habiletés*, se maintenir au pouvoir ; se disant comme un de ces viveurs de la basse-cour de Napoléon III : « Ça ne fait rien, nous nous sommes joliment amusés pendant dix-huit ans. »

Ceux-là sont les grands coupables. Ils ont eu entre les mains le salut de la France ; ils devaient et pouvaient relever l'autel et le trône, et détruire cette anarchie qui nous tue, à l'intérieur comme à l'extérieur. Ils avaient pour cela l'intelligence, la force et le droit. Mais ils ont craint de descendre du pouvoir ; parce qu'avec le sentiment du devoir et la dignité qui le distingue, le Prince qu'ils auraient dû rappeler, n'a pas voulu monter sur une ombre de trône, où il eût régné, tandis que ces habiles auraient gouverné en son nom. Henri V s'est souvenu des enseignements que Bossuet donnait jadis à son aïeul : « Le Roi doit prendre conseil et donner toute liberté à ses conseillers (1). » Mais il ajoute : que c'est à lui de choisir son conseil (2). »

Le comte de Chambord sait avoir la mission de relever en France le droit religieux et le droit politique ; et il laisserait gouverner en son nom et suivant les principes révolutionnaires, et avec « ces mauvaises finesses que Bossuet recommande tant d'éviter (3)! » Non,

____

(1) Educ. Liv. v.. art. 2, prop. 3. — (2) Id. prop. 4. — (3) Id. prop. 9.

non, il n'ignore pas « que Dieu fait tomber les méchants dans leurs propres filets (1). »

S'il règne un jour, comme nous l'espérons, pour le bonheur de la France, son gouvernement sera loyal et honnête, laissant ces petites astuces à ceux qui ne s'appuyent pas sur le droit.

« Les voies du méchant le trompent, dit l'Ecriture, et le trompeur ne gagnera rien(2).» Tous les partis dans la Chambre se sont dupés tour à tour, excepté celui qui, mettant sa confiance dans la justice de sa cause, n'a jamais cherché à dissimuler. C'est même au moment où les habiles croyaient avoir joué leurs ennemis, qu'ils ont été le mieux joués par eux. Ce pauvre Centre-droit est-il en ce moment assez la risée des Gauches qu'il se figurait tromper ! Il faut voir dans les organes du radicalisme comme on se moque de sa naiveté ! « A trompeur, trompeur et demi, » dit le proverbe.

C'est la grande supériorité des hommes de principes de n'être jamais dupés, parce qu'ils ne cherchent pas à duper. « Mettant leur secours en Dieu (3),» ils ne sont point exposés aux déceptions de ceux qui s'appuyent sur les hommes. N'aimant que la vérité et ne cherchant que le droit, ils n'ont rien à dissimuler, comme les prétendus politiques. Enfin ,ne tra-

____

(1) Job. 5, 13. — (2) Prov. 12, 26, 27. — (3) Judith. 5, 21.

vaillant que pour le bien public, ils ne craignent point de voir leurs ambitions déçues.

Cependant, il faut l'avouer, l'homme se glisse partout ; et même aux pieds de l'autel, et même aux pieds du trône, il se trouve de ces hommes qui se croient nécessaires, et veulent se faire passer pour des personnages. On les voit à l'insu du Pape, surtout à l'insu du Prince, parler en leur nom, jugeant, condamnant, anathématisant ceux qui ne sont pas de leur avis. Prenant des airs de protection et d'importance, ces personnages vaniteux et grotesques font le plus grand tort aux causes qu'ils prétendent servir. Heureusement ils sont peu nombreux, et la religion comme la royauté sont à l'abri du ridicule, qui n'atteint que leurs pauvres personnes.

Du reste, comme tous les politiques du siècle qui croient que rien ne peut se faire que par eux et pour eux, ils ne tardent pas « à être les victimes de leur vanité (1). »

CHAPITRE XIII.

Les Lois.

« Les lois, dit Montesquiou, doivent être propres au peuple pour qui elles sont faites,

(1) Math. 6, 5.

et relatives au principe et à la nature de son gouvernement, au physique et au climat du pays, aux mœurs, aux inclinations et à la *Religion* des habitants (1). »

Or, la France est un pays essentiellement catholique et monarchique, et la Loi, c'est le fameux Dupin qui le constate, « est athée et révolutionnaire. Comment s'étonner après cela du peu de respect que l'on a pour elle et de son impuissance à réprimer les désordres ! « Les lois faites par les peuples, en dehors de l'appui de Dieu, sont sans effet (2), » nous apprend Jérémie, et il a raison. Qui fait obéir aux lois, bien plus que la force, si ce n'est la conscience ? Or, quand le législateur ne s'inspire pas de l'esprit et de l'autorité de Dieu, il perd tout droit à l'obéissance des hommes, auxquels il n'a plus aucun droit de commander. La première condition donc pour que les lois humaines soient respectées, c'est qu'elles aient les lois divines pour base.

Eh bien ! c'est là justement le vice essentiel de nos lois modernes, fruit de la révolution. C'est qu'elles ont supprimé le premier principe d'autorité qui est Dieu. De là vient leur impuissance, depuis qu'en 1789 on a déchiré notre constitution catholique et monarchique, traditionnelle. Qu'on en juge ; voici l'un des plus subversifs parmi ces fameux principes de 89, dont tout le monde parle, *sans les con-*

____

(1) **Esprit des Lois, page 135.** — (2) **Jer. 10, 3.**

naître. « Art. III. Le principe de toute souveraineté réside *essentiellement* dans la nation (1). »

« Art. 25. — La souveraineté réside dans
« le peuple. Art. 26. — Aucune portion du
« peuple ne peut exercer la puissance du
« peuple entier; mais chaque section du
« Souverain assemblée doit jouir du droit
« d'exprimer sa pensée avec une entière
« liberté (2). »

« *Cette section du Souverain assemblée!* »
Que peut-on trouver de plus comique ?

« La souveraineté réside essentiellement
dans l'*universalité* des citoyens (3), parmi
lesquels tant de coquins et d'ignorants. » Il
ne faut pas s'étonner que le Souverain ait
aussi peu de bon sens et d'honnêteté.

Comme on le voit, dans toutes ces inepties,
jamais il n'est question de Dieu.

Et notre Code ! Il faudrait un volume pour
relever tout ce qu'il renferme de mauvais ;
et l'on prouverait, comme le disait dernièrement un de nos premiers économistes : « que
ce Code civil, dont nous sommes si fiers, sera
une des causes de notre ruine (4). »

Wellington l'avait compris, lorsqu'au Con-
grès de Vienne il répondait à ceux qui vou-

____

(1) Constitution de 1791. — (2) Constitution, 24
juin 1793. — (3) 5 fructidor, an III. — (4) M. Le
Play.

laient prendre des mesures plus dures contre la France : « N'ont-ils pas leur loi supprimant le droit d'aînesse qui suffira parfaitement à les détruire. »

Il avait raison ; car c'est une de nos lois modernes qui ont fait le plus de mal. En enlevant au père de famille le droit de tester, elle a affaibli son autorité, ébranlé la constitution de la famille, et par là-même toute la société.

Autrefois la possession des terres était presqu'inaliénable dans chaque famille, se transmettant par ordre de primogéniture. L'aîné était chargé de veiller sur les jeunes, de les établir, de les secourir. Ceux-ci entraient dans les différentes carrières ; et ces jalousies qui ont fait dire de nos jours : « le sang réunit, mais l'intérêt divise » n'existant pas, tous concouraient au bien du pays.

Ce droit, vieux comme le monde, puisqu'on voit dès les premiers âges Esaü le céder par gourmandise à Jacob, son frère, la Révolution l'a renversé, comme tout le reste. Dès lors plus de respect des jeunes pour l'aîné, partant plus de hiérarchie dans la famille : les biens, divisés à l'infini, ne tardent pas à se dissiper ; et tel qui appartenait à une famille considérable et honorée, ruiné aujourd'hui, va grossir encore la grande famille des *déclassés*.

Nous voyions récemment deux enfants se quereller avec violence ; nous voulûmes en savoir la cause : « C'est, nous répondit-on, qu'ils se disputent pour savoir qui aura le *château* de leur père ! » Or le père vit encore ; il est même jeune et bien portant.

Aussi l'Ecriture a-t-elle raison de dire « que c'est l'Envie qui introduit la mort parmi nous (1); » et Job, d'ajouter : « que c'est encore l'envie qui tue l'enfant (2). »

Le mal produit par la loi supprimant le droit d'aînesse, nous pourrions le montrer dans nombre d'autres lois. La simple lecture réfléchie du Code suffit pour prouver que la Révolution, là comme partout, a tout bouleversé, tout détruit, sans rien édifier de solide, et qu'aucune législation n'est possible sans Dieu, *qui seul peut lui donner l'autorité.*

N'oublions pas que le Code civil est l'œuvre de Napoléon Ier, l'une même de celles dont les Bonapartistes se glorifient le plus. Comment ne pas constater après cela, comme le disait Jérôme, le fameux soldat de Crimée, « que le Bonapartisme est la Révolution couronnée ? »

CHAPITRE XIV.

La diplomatie.

« Il n'y a point d'état qui menace si fort les

(1) Sap. **2, 24.** — (2) Job. **5, 2.**

autres que celui qui est dans les horreurs de la guerre civile.» (1) Ces paroles n'expliquent-elles pas pourquoi nous n'avons pas d'alliances?

Il existe en ce moment en Europe une puissance qui n'est plus qu'un vaste camp, la *Prusse*. Enhardie par ses triomphes sur l'Autriche et sur la France, obligée de faire diversion par la guerre à ses embarras intérieurs, épuisée par l'entretien d'une armée trop nombreuse, elle est là toujours en embuscade « cherchant qui dévorer. »(2)

Cette puissance, par ses récentes conquêtes, a détruit ce qu'on appelait l'*Equilibre* *européen*; elle est une menace continuelle pour la Paix. Il serait nécessairement de l'intérêt des autres Etats de se liguer contre elle; car il n'en est pas qu'elle ne menace, dans un temps plus ou moins rapproché, quoique le plus exposé en ce moment à sa haine soit la France. On penserait que notre nation, jadis si forte et si respectée sous les Rois, devrait être par conséquent comme le moyen d'une alliance défensive. C'est ce qui arriverait sans doute, si nous n'étions aux mains des révolutionnaires.

Aussi la Révolution est-elle la plus fidèle alliée de Bismarck qui du reste le sait bien.

En effet, si l'intérêt extérieur des autres na-

(1) Montesquieu : Grandeur et décadence des Romains, page 282. — (2) Petr. 5, 8.

tions les engage à s'unir à nous, leur intérêt intérieur est de laisser écraser un pays, devenu le foyer du Radicalisme ; car le Radicalisme, comme la peste ou le choléra, est contagieux. Si donc une nouvelle guerre vient nous écraser, si nous sommes encore abandonnés de l'Europe, c'est à Messieurs les radicaux que nous le devrons.

Aussi, pour éviter cette catastrophe, quels tristes rôles jouent maintenant nos ambassadeurs ! Eux qui parlaient jadis en maîtres, puisque sous Louis XIV, un Roi de Prusse (1) avait pu dire : « Si j'étais Roi de France il ne serait pas tiré un seul coup de canon en Europe sans ma permission ; » les voilà réduits à demander partout aide et secours, acceptant humblement les conditions qu'on leur impose. Voilà pourtant où nous ont réduits nos révolutionnaires, Républicains ou Bonapartistes !

Chose singulière ! la plus grande faute qui ait été commise, diplomatiquement parlant, depuis la guerre, c'est justement la mesure dont on a le plus félicité son auteur : nous voulons dire la rapidité avec laquelle M. Thiers a fait payer les cinq milliards qu'avait exigés de nous la Prusse. Tant qu'elle n'était pas payée, cette nation avait tout intérêt à conserver la paix, de peur de ne pas être payée un jour. Au contraire, la promptitude avec laquelle nous avons acquitté cette somme, lui a permis

______

(1) Le grand Frédéric.

de réparer et de perfectionner ses armements, lui a fait regretter de n'avoir pas exigé davantage ; et aujourd'hui son peuple qui n'a pas vu diminuer ses impôts, ne demande qu'à revenir puiser de nouveaux trésors en France. Voilà comment M. Thiers, tirant vanité de la vanité Française, a aggravé notre position, loin de la rendre meilleure. Et cependant l'a-t-on assez loué de cet acte impolitique, oubliant « que la ruine est toujours la punition de la *vanité !* (1)

Mais il en sera toujours ainsi, tant que nous n'aurons pas de stabilité dans le pouvoir. Nous vivrons au jour le jour d'expédients qui auront les conséquences les plus funestes.

Un roi pense à l'avenir de sa dynastie ; c'est pour cela qu'il résiste aux entraînements pernicieux du peuple, qui pourraient compromettre et sa sécurité et celle de l'Etat. Mais les gouvernements de hasard, comme ceux que nous voyons de nos jours, au contraire, flattent les masses, pour prolonger la durée de leur pouvoir. Et c'est ainsi « qu'un roi sage peut seul donner la stabilité à son peuple. (2) »

Fait digne de remarque et qui devrait bien bien éclairer la France, si elle voulait l'être ! Prenez les journaux des nations voisines et voyez tous ceux qui y ont étudié l'opinion, et vous verrez l'étonnement unanime qu'a le monde de ne pas nous voir revenir à la royauté,

(1) Ps. 77, 33. — (2) Sap. 6, 26.

de nous voir au contraire retourner aux hommes qui nous ont fait tant de mal. Et les Rouher, et les Olivier et les Gambetta etc. etc. On dirait que les fautes qui ont amené la guerre, la manière insensée dont elle a été conduite, par Napoléon d'abord, puis par les avocats, la tyrannie des gens du 4 septembre, les horreurs de la Commune, en un mot tous nos désastres n'ont jamais eu lieu, tant ils sont déjà complétement oubliés. O Jérémie, criez à nous aussi : « Avez-vous donc déjà oublié les maux de vos pères. (1) » Et dire que tout cela date d'hier.

C'est cet oubli des leçons de l'histoire, des avertissements de Dieu, ce refus de revenir à la Royauté, qui serait le salut, ce retour vers les Révolutionnaires qui effrayent l'Europe, et font que nous n'aurons jamais une alliance sincère et durable, tant que nous persévèrerons dans notre aveuglement ; car il est écrit: « celui qui persévèrera dans le mal y périra. » (2)

Il faut l'avouer aussi, les guerres, trop souvent injustes de Napoléon I, les guerres ineptes de son neveu Napoléon III (celles d'Italie, du Mexique par exemple) nous ont attiré plus d'une rancune dans le monde. Et cependant que nous en reste-t-il aujourd'hui ? Pour s'être livrée à ces batailleurs ambitieux, voilà notre pauvre France amoindrie, endettée, isolée.

(1) Jer. 44, 9. — (2) Reg. 12. 25.

C'est que la guerre attire la revanche, et comme nous enseigne Bossuet : « Lorque Dieu semble tout accorder à de tels conquérants, il leur prépare un châtiment rigoureux (1) »

Sous ce rapport la Prusse aura son tour. «Dieu nous châtie à cause de nos iniquités.(2)» Bismarck est la verge dont il s'est servi ; mais, dès que, par un retour sincère vers lui, nous aurons désarmé sa justice, il la brisera entre ses mains «parce qu'il ne laisse jamais la verge des méchants décider du sort des bons. (3) » Et ce jour ne tardera pas à venir, car Montesquieu constate que plus les conquêtes sont rapides, moins elles ont un établissement solide. (4) »

Inutile donc de nous jeter de nouveau dans cette *guerre à outrance* des hommes de la Révolution, qui eux ne se battent pas ; nous serions écrasés et abandonnés sans alliances. Tenons-nous prêts ; car c'est surtout à ces époques des armées permanentes, qu'il faut pratiquer la sage maxime : « Si vous voulez conserver la paix, soyez prêts à la guerre. (5) »

Ce qu'il nous faut aujourd'hui pour reconquérir notre grande position dans le monde, c'est de réconquérir d'abord l'estime des autres puissances ; et pour cela rompre entièrement avec la révolution.

(1) Ed. page 416. — (2) Tob. 13, 5. — (3) Ps. 124, 3. — (4) Grand. et déc. des Rom. page 334. — (5) Tacite.

Les révolutionnaires nous ont isolés ; revenons à la Monarchie, et nous retrouverons des alliances comme par le passé.

Alors nos ambassadeurs seront écoutés et respectés ; et, lorsqu'ils s'adresseront aux cabinets des grandes puissances, on ne leur répondra plus cette phrase soufflée par Bismarck : « Pouvons-nous nous allier avec une nation qui massacre ses otages et répand le pétrole ? Vous êtes une menace pour les gouvernements voisins. »

Mais le monde n'ayant plus à craindre la contagion révolutionnaire, dont nous serons guéris, ne laissera pas écraser une nation dont la ruine lui serait fatale ; car l'existence de la France est nécessaire à ce fameux équilibre européen, si ébranlé aujourd'hui par la Prusse.

CHAPITRE XV.

Les Ministres.

« Quelque soin que le Prince ait pris de choisir ou d'éprouver son conseil, il ne doit point s'y livrer » nous dit Bossuet (1).

Depuis qu'on a inventé les ministres *responsables*, c'est tout le contraire : ce sont eux qui

(1) Education, livr. 10, art. 2, page 8.

gouvernent, et le Chef de l'Etat ne fait que promulguer leurs **décrets**.

Or, comment est composé un ministère? Des éléments les plus contradictoires, des *concessions* faites à tous les groupes de l'Assemblée, surtout à ceux qui, dans le moment, ont la majorité. On voit de suite que l'union ne peut se maintenir entre des ministres ayant les principes et les aspirations les plus contradictoires. Aussi est-ce la tour de Babel.

Mais supposons que, par un heureux hasard, tous tombent d'accord pour réaliser la réforme la plus utile. La première condition pour y parvenir, c'est d'avoir le temps nécessaire. Or, avec l'instabilité de l'opinion en France, particulièrement dans la Chambre, les ministres tombent d'un moment à l'autre, laissant leurs œuvres inachevées, et pour les continuer, la plupart du temps, des successeurs ayant des idées toutes différentes. Aussi arrive-t-on à ne rien établir, à ne rien fonder.

De là vient que nous n'avons plus de grands ministres, et que nous n'en aurons jamais, tant qu'ils pourront être renversés du soir au matin.

Etudions encore ce qui se pratique chez les autres nations. Là vous trouvez des ministres célèbres: c'est qu'aussi ils occupent leurs ministères depuis des années. Les nôtres, au contraire, sont déjà renversés, qu'ils n'avaient eu ni le temps de s'initier aux affaires, ni même de connaître leur personnel.

Ce n'est pas étonnant : que d'hommes à la Chambre rêvent un poste élevé! que de bassesses, de platitudes sont faites dans ce seul but !

Montesquieu nous apprend « que les ministres ne songent trop souvent qu'à triompher de leurs adversaires » (1) Malheureusement ce qui se passait quelquefois de son temps, est presque continuel. Les ministres de nos jours arrivent avec leurs rancunes, leur parti-pris, leurs préjugés ; bien plus occupés de maintenir leur prétendue République et d'éloigner le Roi, que de gérer les affaires de l'Etat ; ils tiennent par dessus tout à se cramponner à leur ministère. Croyant pouvoir gouverner sans Dieu, ils tombent dans un aveuglement fatal. Les manifestations catholiques les effraient ; et ils ne voient pas le vrai danger dans le Radicalisme qui monte, dans la Franc-maçonnerie et l'Internationale qui les enveloppent.

« Ils ne connaissent plus, ni leurs véritables amis, ni leurs véritables ennemis, dit le comte de Champagny ; il y a dans l'Ecriture un mot qui s'applique merveilleusement à eux : ils craignent tout ce qui n'est pas à craindre. » (2).

Voilà donc encore le fruit de la Révolution ; rendre impossibles les grands ministres, ceux qui, avec l'aide de Dieu, guérissent les nations et les relèvent.

(1) Page 483. — (2) Correspondant, tom. 63, 25 mai 1875.

Ombres des Sully, des Mazarin, des Richelieu, des Colbert, voilez-vous la face, pour ne pas voir les Pygmées ministériels et passagers de notre temps ! Sous les Rois la France était grande, elle avait de grands ministres comme vous ; mais voilà que la Révolution l'a meurtrie, abaissée, épuisée, elle n'a plus que de petits ministres comme elle.

CHAPITRE XVI.

Le Chef de l'Etat.

Jadis le Chef de l'Etat pouvait dire : « L'Etat c'est moi. » (1) Aujourd'hui le voilà réduit à l'avouer: « L'Etat c'est tout le monde, excepté moi.» Jadis le Roi commandait: aujourd'hui le Chef du *Pouvoir* obéit.

Combien nous en avons vu passer de ces souverains d'occasion, depuis que nous sommes en révolution ; car, le faisait remarquer un étranger : « Depuis 1789, la révolution dure toujours : » et que sont-ils devenus ?

« Le Pouvoir est lourd à porter, disait un illustre évêque, surtout quand on n'est pas né pour cela. » Le fait est qu'il a écrasé tous ceux qui ont voulu en prendre le fardeau. Les uns

(1) Louis XIV.

ont été simplement renversés, les autres sont morts en exil ; mais, chose singulière, aucun ne s'est démis *volontairement*.

Lisez toutes leurs *premières* proclamations; c'est toujours par le plus pur dévouement qu'ils l'acceptaient ; puis, une fois installés, ils s'y trouvent bien et ne pensent plus qu'à s'y maintenir. Tant il est vrai que le Pouvoir grise les natures vulgaires, auxquelles Dieu n'avait pas donné la mission de gouverner les peuples.

Et cependant une émeute, un vote, une guerre suffisent pour les renverser. Ce qui prouve qu'il n'y a de fort et de stable que ce qui repose sur le droit.

Charles VII vit la France envahie par les Anglais, Louis XIV par l'Europe coalisée. Et tous les deux, forts de l'appui de Dieu et du peuple, restèrent debout et conservèrent l'intégrité du territoire.

Après Sadowa, l'Empereur d'Autriche, souverain légitime, ne fut même pas ébranlé sur son trône. Toute la nation au contraire se groupa autour de son chef, pour obtenir une paix honorable, et ensuite réparer le désastre.

Deux fois, au contraire, en 1815 et en 1870, la seule présence de l'ennemi suffit pour renverser les deux Napoléons : et, la nation, après avoir proclamé leur déchéance en présence de l'abime où ils l'avaient conduite, resta livrée, sans chef, sans alliance, à la merci du vainqueur.

Heureusement qu'en 1815 elle eut le bon sens de rappeler un Bourbon, qui obtint des conditions inespérées. Qu'on les *compare avec les conditions* obtenues par le républicain Jules Favre.

CHAPITRE XVII.

Les concessions du libéralisme.

Nous l'avons dit : les hommes qui font le plus de mal à la France, ce ne sont pas les révolutionnaires déclarés, mais les révolutionnaires déguisés, ceux qui essayent de *pactiser* avec la révolution, pensant s'en servir à leur profit. De concessions en concessions, ils nous mènent droit au radicalisme, avec cette différence, que les crises violentes durent peu, tandis qu'une plus longue durée, par conséquent un mal bien plus grand, sont à craindre d'une révolution légale. « Et ce dernier état est cent fois pire que le précédent (1). Montesquieu nous l'affirme : « il n'y a pas de plus cruelle tyrannie que celle que l'on exerce à *l'ombre des lois*. (2) »

L'erreur des parlementaires libéraux est

(1) Math. 12, 45. — (2) Grand. et déc. des Rom. p. 296.

d'espérer fonder un gouvernement qui ne repose ni sur le chef de l'Etat, ni sur les grands, ni sur le peuple; mais sur tous les trois ensemble, en écartant les principes nécessaires de l'autorité divine et de l'autorité royale.

Il y a 18 siècles que Tacite traitait cet essai de chimérique; voici ses paroles: «Une sorte de gouvernement qui se composerait *à la fois* du peuple, des grands et d'un seul serait digne d'éloges, mais n'est guère réalisable ; et, si l'on parvenait à l'établir, il pourrait subsister longtemps (1). » On le voit : L'idée souriait au grand historien Romain ; mais dès ce temps, il l'avait jugée irréalisable ; parce qu'il prévoyait, ce qui est arrivé de nos jours, que cette pondération parfaite de trois pouvoirs égaux était impossible et conduirait fatalement au despostisme ou à l'anarchie.

Avec le suffrage universel, cette forme de gouvernement constitutionnel est encore plus pernicieuse. En effet, le chef de l'Etat ne peut rien sans les grands (la Chambre et le Sénat) ; et ceux-ci dépendent du suffrage universel. Or, comme la masse se gangrène de plus en plus, les chambres, produit de l'élection, se gangrènent de même ; et voilà le chef de l'Etat forcé, ou de se retirer après avoir laissé le mal se faire, ou de sanctionner les lois les plus funestes pour le présent et pour l'avenir, ou de faire un coup d'Etat.

(1) Tac. ann. lib. si par. 33.

Et c'est ainsi que, de concessions en concessions, les habiles nous ont livrés pieds et mains liés à la révolution, qui aujourd'hui nous domine ; et, grâce à nos défaillances, nous avons permis au radicalisme d'arriver à des résultats que seul il n'aurait pu obtenir.

Et tout cela, parce que les libéraux n'ont pas voulu, quand il était temps, revenir à la Monarchie, le seul gouvernement qui pourrait combattre la révolution à ciel ouvert, espérant se maintenir au pouvoir, grâce à la vieille tactique infernale de l'Empire, « la balance égale entre les fils de *Voltaire* et les fils de *Loyola* (1). »

Or, comme l'Empire, ils seront renversés, non par les fils de Loyola, mais par les fils de Voltaire. Ce ne sera pas un grand malheur ; mais le plus triste, c'est que leurs concessions aux radicaux vont encore avancer, sinon *consommer*, la ruine de la France.

Sa Sainteté Pie IX a prononcé contre le libéralisme la condamnation la plus terrible et la plus juste quand il a dit : « Ce que je crains le plus pour la France, ce ne sont pas les monstres de la Commune, mais les partisans du libéralisme. »

(1) Œuvres de Napoléon III.

CHAPITRE XVIII.

Le Rôle des bons citoyens.

Nous avons vu jusqu'à présent les ravages de la Révolution dans l'enfance, dans l'adolescence, dans le citoyen et dans toutes les positions sociales, jusqu'à la plus élevée. Examinons maintenant comment on peut réagir contre elle ; ce qui est le rôle des bons citoyens.

A notre époque, c'est très-difficile ; car il faut d'abord devenir insensible au découragement. Il est triste en effet pour un homme de cœur, qui ne veut que le bien et n'a rien à se reprocher, de se voir repoussé partout. Jamais la parole de Job n'a été plus vraie que de nos jours: «On ridiculisera la droiture du juste (1).» Et il faut l'espérance en une vie meilleure pour nous attacher au devoir.

Non-seulement les méchants nous font obstacle ; mais le plus pénible, c'est d'être abandonné, ridiculisé, combattu, même par ceux que l'on croyait ses amis. On va jusqu'à suspecter vos intentions et à voir, dans le bien que vous vous efforcez de faire, une arrière-pensée d'ambition ou d'intérêt.

Bizarrerie inexplicable de notre siècle, on

(1) Job. 12, 4.

accepte parfaitement l'ambition de faire le mal, mais il est défendu aux honnêtes gens de chercher les moyens de faire le bien. Aussi les méchants, qui se soutiennent entr'eux, triomphent-ils presque partout ; tandis que les citoyens les plus honnêtes, abandonnés, ne recueillent guère que des échecs.

Le motif est du reste toujours le même, la *jalousie ;* car l'Ecriture nous enseigne « que c'est par là que les hommes se détruisent les uns les autres (1). »

Aussi ce qui nous effraie le plus pour l'avenir, c'est moins l'entente des méchants, que la désunion des bons. « Tout royaume divisé sera détruit (2). »

« Les fils du siècle sont plus prudents que les enfants de lumière (3). » Cette parole de l'Evangile se vérifie chaque jour de plus en plus. Tandis que les radicaux et les libres-penseurs s'entendent pour saper les bases de l'édifice religieux et politique, nous, qui nous glorifions àjuste titre de posséder encore la vérité, nous nous divisons ; » et, dans notre insouciance, nous paraissons ne pas nous douter du danger qui sans cesse augmente.

Et cependant le dénouement fatal approche. « ... *Et venit ineluctabile tempus* (4). »

_____

(1) Sap. 14, 24. — (2) Math. 15, 25. — (3) Luc, 16, 8. — (4) Virgile.

CHAPITRE XIX.

Le doigt de Dieu.

Nous avons trouvé dans Tacite ces paroles remarquables que nous livrons aux méditations de tous ceux qui se sentent découragés, pour leur redonner du courage : « Pour moi, plus je rappelle dans ma mémoire les événements anciens et modernes, et plus il me semble voir dans toutes les affaires je ne sais quel *Pouvoir*, qui se joue des calculs humains. En effet il n'y avait personne que la renommée, les vœux, les respects publics ne portassent à l'empire, plutôt que *celui* que la Fortune *tenait obscurément en réserve* pour *régner un jour* (1). »

- Ne dirait-on pas une prophétie tombée de la plume de cet historien païen. Qu'on rapproche ces phrases de celles que nous recueillions récemment de la bouche d'un saint vieillard, objet de la vénération de toute une contrée : « Mon ami, on est trop impatient dans notre siècle. L'heure où Dieu agira n'est pas encore venue. Les hommes veulent se gouverner sans la Foi : l'expérience n'est pas encore suffisante. Dieu veut les mettre à bout de finesses, les laisser user toutes leurs habiletés politi-

(1) Tac. an. lib. III, par. 18.

ques. Il n'agira que lorsqu'il les verra honteux et confondus, se tourner vers lui, pour leur montrer que, sans son secours, ils ne peuvent rien de stable. »

« Et maintenant que ceux qui ont des oreilles entendent (1). » C'est ce retour vers Dieu que nous devons chercher de tous nos efforts.

« *Et quel temps fut jamais plus fertile en miracles* (2).

Chaque jour Dieu nous manifeste sa sollicitude, en prolongeant par exemple les jours du Pape, qui le premier dans l'histoire a dépassé les vingt-cinq années de S. Pierre, en confondant tour à tour les persécuteurs de l'Eglise : et d'Arnim qui livre le Pape, aujourd'hui traîné devant un tribunal prussien, et Mazzini, et Cavour, et Napoléon III, et tant d'autres.

Ne nous indique-t-il pas, par tous les prodiges et par la voix de ses prêtres dévoués, que lui seul peut nous sauver ?

N'est-ce pas le moment de dire à ceux qui manqueraient de confiance ce qu'autrefois Judith disait aux Juifs : « Qui êtes-vous pour tenter le Seigneur en lui fixant un terme ? Ce n'est pas là le moyen d'attirer sa miséricorde ; mais plutôt d'exciter sa colère et d'allumer sa fureur. Vous avez prescrit à Dieu le temps de sa miséricorde, selon qu'il vous a plu ; et vous

____

(1) Luc. 14, 15. — (2) Racine. Athalie.

lui en avez marqué le jour. Parce que le Seigneur est patient, faisons pénitence de cette faute même, et implorons sa pitié avec beaucoup de larmes...... Attendons avec une humble soumission ses consolations ; et il nous vengera des afflictions que nos ennemis altérés de notre sang nous font souffrir (1).

Après l'invasion prussienne, la Commune, de récentes et effroyables inondations frappent ce Midi qui se croyait à l'abri des leçons de la Providence. Que faut-il donc encore pour faire voir aux plus aveugles *le doigt de Dieu?*

CHAPITRE XX.

Le mouvement catholique.

Notre seule espérance, et aussi notre grande espérance vient du *mouvement catholique* qui s'accentue de plus en plus.

L'indifférence et le respect humain ont fait leur temps. Plus nous allons, plus les camps se dessinent. La Révolution montre aujourd'hui clairement son véritable ennemi, le Catholicisme (2). Aussi n'avons-nous plus bientôt que deux camps : les vrais catholi-

---

(1) Judith, chap. 8. — (2) Comme l'a heureusement proclamé à la tribune Challemel-Lacour.

ques et les libres-penseurs. Déjà même les indécis, les peureux ne se trouvent plus guère que dans ce foyer d'intrigues, d'ambitions, de faux libéralisme, qu'à la Chambre on a appelé les Centres, vrais *hermaphrodites politiques*.

Dès 1871 dans un des couloirs de cette Chambre, un des radicaux les plus accentués disait devant nous : « Il n'y a ici que deux catégories d'hommes logiques: les catholiques légitimistes et nous. » Et de fait les uns sont la grande et la vieille France, avec son cri : Dieu et le Roi ; les autres, la révolution avec le sien : Impiété et Pétrole. « Mort au Pape, vive le Pétrole, » comme ils ont osé crier dans les rues de Rome.

Jadis la Révolution pouvait faire croire qu'elle n'en voulait qu'à la noblesse et à la royauté. Les classes moyennes tombèrent dans cette erreur qu'elles ont expiée et expieront encore. Aujourd'hui la Royauté est en exil « pour avoir aimé la justice et haï l'iniquité (1); » les nobles n'ont plus aucun privilége ; la fortune est entre les mains de tout le monde ; même de ces prétendus républicains qui flattent les radicaux par peur, et dont ceux-ci n'oublieront pas un jour l'*infâme et énorme capital.* » Cependant la Révolu ion menace plus que jamais et la famille et la société, et les fortunes privées, et la fortune publique.

(1) Le pape Grégoire VII.

On s'est abrité longtemps sous le faux nom de républicains. Mais « la République, dit Bossuet, est un gouvernement où tout le monde est l'objet de la loi, et où la loi est plus forte que les hommes. » Or nous savons qu'en France la République c'est le mépris, l'abolition de toutes les lois, l'anarchie.

Sans doute il peut encore se rencontrer quelques esprits sincères, mais illusionnés ; quelques utopistes, qui rêvent d'établir en France ce qui existe aux Etats-Unis. D'abord il n'y a aucun rapport entre notre pays, et ces Etats du Nord de l'Amérique, qui sont composés de vingt races, Indienne, Anglaise, Française, Allemande, Espagnole, Chinoise, etc. Puis nos rêveurs ne connaissent nullement ce qui s'y passe. Car Montesquieu l'a dit : « La liberté ne réside pas plus essentiellement dans les républiques qu'ailleurs. (1) »

Nous en trouvons la preuve dans une lettre, que nous venons de recevoir bien à propos d'un missionnaire, habitant les Montagnes-Rocheuses. « Que de fois, nous écrit-il, j'ai admiré l'ignorance de nos républicains Américains ! Mais celle de vos républicains Français est cent fois pire, quand ils parlent de la Grande République des Etats-Unis. S'ils prenaient la peine d'étudier les principes de nos lois, ils en trouveraient beaucoup

(1) Page 188.

de complétement contraires aux leurs. Point de *suffrage* universel, point d'égalité, encore moins de fraternité ; pas plus de liberté qu'ailleurs. En voulez-vous des exemples ? On ne peut travailler le dimanche ; bien des Etats ont enlevé le droit d'avoir des cabarets. Que diraient vos répub icains si on leur défendait comme ici, de célébrer la *St-Lundi,* et qu'on fermât, comme aux Etats-Unis, les tris es temples de ce triste saint ? »

Quand un peuple se soumet à de telles mesures, du reste fort sages, on comprend qu'il puisse vivre en République ; parce qu'il respecte *la Loi.* Mais qu'on aille les appliquer en France ! Comme on crierait : à la tyrannie ! Et cependant on voit que nous avons cent fois plus de liberté que dans la fameuse République *modèle* des Etats-Unis.

Du reste, combien avons-nous de republicains sincères et convaincus ? La plupart ne sont que des radicaux. Grattez le Républicain de notre époque, et 90 fois sur 100 vous verrez apparaître le rouge du *Communard.* Il est honteux pour un honnête homme de vivre en pareille compagnie ; encore plus pour un candidat qui se respecte, d'avoir de pareils électeurs.

Ce qu'on veut, ce n'est pas plus la République que tout autre gouvernement, mais bien le pillage. Faiblesse inconcevable de ceux qui nous gouvernent. Ils laissent attaquer tout par le radicalisme, jusqu'à l'Eglise ; et ils ne voient pas qu'après les couvents, les congrégations, les prêtres, c'est à eux-mêmes qu'ils s'attaquent. « Car Dieu frappe à son tour ceux qui ont laissé frapper ses serviteurs (1); » et la Révolution « ne s'attaque au pasteur d'abord, que pour disperser ensuite le troupeau (2). »

Après le Pape, on s'en prend aux Rois ; après les Rois, à tout gouvernement établi ; mais le but dernier, c'est l'infâme capital : « Et la cupidité est la cause de tous les maux (3). »

Voilà ce que, par la fermeté dans leurs principes, les catholiques ont forcé les prétendus républicains d'avouer. Mais ils n'ont pas moins contraint les Francs-maçons à se démasquer.

C'est cette société de la Franc-maçonnerie, que le V. F. Th. Martin appelle lui-même le laboratoire de la Révolution, qui est la cause des plus malheureux événements qui nous ont frappés. Longtemps aussi elle a voulu se faire passer pour une innocente singerie ; aujourd'hui le doute n'est plus possible devant les aveux indiscrets de certains frères et la participation à la Commune. « La majorité qui a inscrit *Dieu* sur notre *sanctuaire* a été intolérante, » dit le F. Guépin. « Nous

_____

(1) Exod. 19. 22. — (2) Zach. 13, 7. — (3) 1. Tim. 6. 10,

sommes nos propres prêtres, et nos propres dieux, » ajoute le fameux F. Frantz-Faide. « Le nom de *Dieu* est un mot vide de sens, » s'écriait-on dans la Loge de Liége, dès 1865. Du reste, auparavant encore, au Grand Orient de Belgique, en 1854 le F. Bourlard déclarait, en parlant des Ordres religieux, que nous pouvons appeler, nous aussi, le Laboratoire du catholicisme, « qu'il faudra bien que le pays finisse par en faire justice, dût-il même employer *la force* pour se guérir de cette lèpre. » Le vrai but de la Franc-maçonnerie est-il assez évident ? La destruction du Catholicisme, même du Christianisme.

Inutile d'ajouter qu'il est par là-même l'ennemi de la société : comme nous le disions; son rôle pendant la Commune l'a suffisamment prouvé. La presque totalité des chefs et des soldats de cette sanglante période sortait des *Loges.*

Il est donc établi que cette société *secrète,* qui voulait se faire passer pour philanthropique, étrangère à la politique et tout-à-fait innocente, était simplement la mère des Libres-penseurs et de l'Internationale.

Les *frères* des derniers rangs ont pu conserver encore des illusions, mais les *hauts initiés* depuis longtemps, comme les augures de l'antiquité, riaient de ceux qui étaient assez simples pour croire à leur innocence.

C'était donc, nous le répétons, un service

immense et urgent qu'ont rendu le Pape, les évêques et tous les vrais catholiques, de forcer la Révolution, et son âne la Franc-maçonnerie, à jeter le masque. En sauvant l'Eglise ils ont sauvé l'Etat.

Il n'y a plus de trompés aujourd'hui que ceux qui veulent l'être. C'est un combat à ciel ouvert. « Celui qui n'est pas pour moi est contre moi (1). »

Tous les préjugés contre le Catholicisme et contre la Royauté tombent ; et la lumière se fait plus éclatante de jour en jour. On calomniait les prêtres, les catholiques, la Société de St-Vincent-de-Paul, que le gouvernement timide et impie de Napoléon III, avait assimilée à la franc-maçonnerie. Les actes des premiers ont montré qu'ils travaillaient à la conservation de la société; les crimes des seconds à la destruction sociale. Et les catholiques ont pu dire, comme le divin Maître : « Si nous agissons mal, établissez la méchanceté de nos actes ; si nous agissons bien, pourquoi nous frappez-vous (2) ? »

Non amo te, Sibidi ; nec possum dicere quare ;

Hoc tantum scio, non amo te..... (3).

On n'aimait pas le comte de Chambord, et l'on ne savait pas pourquoi. On avait dit : c'est l'ennemi du peuple. Aujourd'hui le

(1) Math. 12, 30. — (2) Joan. 18, 23. — (3) Martial.

peuple doit voir qu'il était trompé par ceux qui avaient intérêt à le faire ; mais qu'Henri V est le seul qui n'ait jamais tenté ni révolution, ni coup d'État. Lui seul ne conspire pas, parce qu'il ne s'appuie que sur son droit. Lui seul n'a jamais fait verser le sang français, ni attiré l'ennemi sur notre sol, préférant, comme la vraie mère de Salomon, renoncer à ses droits sur sa patrie, plutôt que de la voir envahie, ensanglantée, partagée.

Toutes les promesses mensongères de la Révolution se sont évanouies. Les citoyens devaient être libres, égaux, riches. On voit qu'il n'y a de liberté que dans la conscience, d'égalité que devant Dieu, et de richesses que dans la vertu ; celles-là seules ne peuvent être ravies.

On parlait de la tyrannie des Rois ; les révolutionnaires se sont chargés de montrer, qu'une fois au pouvoir, ils étaient les tyrans véritables. « Le monopole, c'est la sécurité sociale, » s'écriait l'un d'eux (1), celui qui pendant six mois se joua du sang des Français. Nous avons été payés pour apprendre ce que nous a coûté son administration despotique.

« Du reste, dit M. de Tocqueville, la Révolution a beaucoup moins innové qu'on

(1) Gambetta, séance du 15 juin 1875.

le croit : se contentant de changements tout-à-fait superficiels, elle a repris *pour son compte* toutes les traditions autoritaires et centralisatrices de la Monarchie absolue. Les descendants des citoyens de 93 en sont encore là (1). »

Le peuple commence à voir que les républicains actuels s'empressent de reprendre pour eux ce qu'on pourrait blâmer dans la tendance de Louis XIV au despotisme, et l'ont considérablement augmenté. C'est ce qui explique ce retour de tout ce qui pense, de tout ce qui est honnête, vers la religion, qui, elle, n'a jamais trompé, mais a tenu fidèlement tout ce qu'elle promettait.

Ce retour sera-t-il assez sincère, assez général pour nous ramener aux institutions catholiques et monarchiques qui firent notre grandeur dans le passé ? Nous l'espérons.

C'est en tout cas ce qui fera, ou notre châtiment, ou notre salut, comme nous le verrons dans les chapitres qui vont suivre.

« Voici le temps dont il faut profiter, voici les jours de salut (2). »

(1) L'ancien régime et la Révolution. — (2) Cor. 6, 2.

CHAPITRE XXI.

Le Châtiment.

Il en est des maladies morales, comme des maladies physiques, chez les nations aussi bien que chez les individus : ou elles en guérissent, ou elles en meurent. Le mal ne peut rester longtemps stationnaire ; et, si son principe n'est enlevé, c'est une mort inévitable qu'il faut attendre, soit un peu plus tôt, soit un peu plus tard.

Nous avons vu par tout ce qui précède que le principe des maux de la France est la Révolution ; eh bien, si la Révolution n'est chassée de son sein, elle la tuera.

Nous avons vu aussi combien Dieu nous a pressés, par des avertissements de toute sorte, de revenir à lui. Prenons garde, car « Dieu maudit l'homme qui refuse son alliance (1). » Sans doute, dans sa patience infinie, « il suspend longtemps le cours de sa colère (2). » « Mais il se lasse à la fin et il extermine de son glaive ceux qui la provoquent (3). »

Les nations ne sont ni nécessaires, ni immortelles devant ses yeux. Dès qu'abandon-

(1) Jer. 11, 3. — (2) Rom. 9, 22. — (3) Isaïe, 1, 20.

nant ses lois elles deviennent infidèles, il les abandonne à son tour, et les remplace par d'autres qui sauront remplir ses desseins dans le monde.

Qu'on se rappelle la destruction de Jérusalem, et la dispersion des Juifs, la vocation des Gentils, les invasions des barbares, etc.

Tandis que la Foi diminue en France, d'autres peuples ont ouvert les yeux à la lumière. Qui nous dit qu'un jour les peuplades innombrables de l'Amérique ou de l'Asie, longtemps tributaires des Européens, ne seront pas appe'ées à remplacer nos vieilles sociétés corrompues par une démoralisation sans cesse croissante et par l'abandon de tout principe ? Déjà elles ne combattent plus avec les flèches et les massues, mais elles adoptent nos canons, nos fusils, et toutes nos inventions modernes.

Les nations, comme les astres, ont leur point culminant, après lequel elles décroissent ; et elles ne conservent leur grandeur que si elles sont fidèles aux lois immuables. Combien d'autres avant nous, (et les Juifs, et les Grecs, et les Romains), ont ébloui le monde de leur gloire et sont aujourd'hui sinon entièrement détruites, du moins complétement effacées. Tous les signes de décadence que nous remarquons dans l'histoire de leurs dernières périodes, nous les retrouvons parmi nous. « Elles ont été détruites à cause de leur impiété (1). »

La besogne est, du reste, facile pour les peuples nouveaux, qui viennent écraser les vieilles nations condamnées ; car chez elles la Révolution a tué le patriotisme ; et la dépravation des mœurs, le courage, comme nous l'avons vu trop souvent dans cette dernière guerre.

Inutile donc de se faire illusion, de chercher à s'étourdir par les sophismes et les plaisirs.Si la France ne revient pas aux principes du droit religieux, et conséquemment du droit politique, « elle périra par le *fer* et par le *feu* (1). » Nous reverrons la *guerre* et le *pétrole* qui finiront par nous détruire.

CHAPITRE XXII.

Le Salut.

« Le salut viendra de nos ennemis, et nous serons sauvés par les mains de ceux qui nous haïssaient (2). » Telles sont les paroles de l'Écriture, que l'immortel Pie IX répétait récemment pour exciter la confiance : et, en effet, il est à espérer que l'excès des crimes de la Révolution, l'imminence du danger dont elle nous menace, ouvriront enfin les yeux des plus aveugles.

(1) Nah. 3, 13. — (2) Luc 1, 71.

« Le cœur des hommes sages est dans la tristesse, et celui des méchants dans la joie (1). » Mais, courage, le temps est proche où « leur tristesse sera changée en joie (2), » car le bonheur est promis à ceux qui so_t persécutés pour la justice (3). »

Puis, privilége admirable réservé aux bons, c'est que, même dans la souffrance, ils goûtent la paix et la joie ; « parcequ'au milieu des angoisses ils lèvent les yeux vers le Seigneur,qui leur accorde son secours (4). » Comparez la sérénité des martyrs, des otages, en face de la mort,avec les terreurs de l'impie, du libre-penseur ; surtout quand les frères et amis, voulant *manifester* avec son cadavre, le forcent à mourir sans prêtre.

Courage donc et espérance. Tournons-nous et entraînons tous ceux qui nous entourent, vers cette Foi catholique qui seule donne le calme et la force véritables.

A l'Internationale de Satan, opposons l'Internationale du Christ. Soyons, non pas des *frères* et *amis,* unis de bouche, s'exécrant de cœur, mais les amis de Dieu et des frères en Jésus-Christ ; car il n'y a que la religion qui donne la fraternité véritable (5). »

Exerçons la charité par nous-mêmes et dans les Cercles d'ouvriers, cette admirable

(1) Eccl. 7, 5. — (2) éconn. 16, 20. — (3) Math. 5, 10. — (4) Bar. 3, 1. — (5) Pet. 1, 7.

institution qui leur fait aimer tout ce que le radicalisme leur avait fait détester, et dans les Patronnages, qui arrachent l'âme du jeune apprenti à l'impiété et à l'immoralité du siècle, et dans ces Sociétés de secours mutuels, qui apportent aux malades, avec les remèdes pour le corps, les consolations de la religion, et les espérances célestes. En un mot multiplions-nous, prodiguons-nous partout, et à toute heure.

— Qu'on reconnaisse en nous, à l'encontre du triste spectacle de la philantropie philosophique et égoiste, l'esprit de désintéressement et de charité ; « car la charité pour nos frères doit être le seul mobile de nos actes (1). » Ainsi, nous détruirons par une pratique *féconde,* les théories *stériles* du siècle, et le peuple comprendra « que ses vrais amis sont ceux qui craignent Dieu (2). »

Entraîné par notre exemple, lui aussi rendra à Dieu ce qui appartient à Dieu ; » et par une conséquence logique « à César ce qui appartient à César (3). »

Ce jour-là la France sera sauvée.

(1) Heb. 13, 1. — (2) Eccl. 6, 17. — (3) Math. 22, 21. Marc 12, 17. Luc 20. 25. Rom. 13, 7. — (3) Naturellement nous n'entendons pas par César, ces Bonapartes usurpateurs et révolutionnaires qui, deux fois déjà, ont laissé la France agonisante dans la dévastation et le sang ; mais « ce Roi que le Seigneur lui-même a choisi parmi ses frères. » (Deut. 17, 15).

APPENDICE.

Nous serions bien heureux si ces pages pouvaient éclairer, ne fût-ce qu'un seul de nos concitoyens aveuglés.

Nous l'espérons ; mais dussions-nous ne pas avoir cette consolation, nous les publierions quand même, parce que c'est un devoir de prévenir ceux qui ne voient pas, ou ne veulent pas voir, avant que les malheurs n'arrivent.

« Je vous ai dit ces choses, pour que, quand le moment sera venu, vous vous rappeliez que je vous les ai dites (1). »

25 août 1875.

(1) Joan. 14, 4.

www.ingramcontent.com/pod-product-compliance
Lightning Source LLC
LaVergne TN
LVHW052159050726
842523LV00017B/425